아기를 웃게 하는
100가지 방법

아기를 웃게 하는 100가지 방법

글 | 돈 베이츠 · 사진 | 폴리 레포드

라의눈

돈 베이츠 Dawn Bates

잡지 〈Having Babies〉의 편집장으로 활동했으며 15년 이상 임신, 출산, 육아에 관련된 일에 몸담고 있다. 그녀는 이 책의 표지에 등장하는 미소 짓는 아기 '리암'의 엄마이기도 하다.

폴리 레포드 Polly Wreford

인테리어 및 라이프스타일 전문 사진작가이다. Red, Laura Ashley, Homes&Gardens를 위해 사진 작업을 해오고 있다.

100 WAYS TO MAKE YOUR BABY SMILE by Dawn Bates
Text copyright©Dawn Bates 2013
Design & photographs copyright©Ryland Peters & Small 2013
First published in the United Kingdom under the title 100 ways to make your baby smile by CICO Books,
an imprint of Ryland Peters & Small Limited 20-21 Jockey's Fields, London WC1R 4BW. All rights reserved.
Korean translation rights©2014 Candybook
Korean translation rights are arranged with Ryland Peters & Small Limited through Amo Agency Korea.
이 책의 한국어판 저작권은 AMO에이전시를 통해 저작권자와 독점 계약한 맛있는 책에 있습니다.
신 저작권법에 의해 한국 내에서 보호를 받는 저작물이므로 무단 전재와 무단 복제를 금합니다.

차례

- 프롤로그   7

- **Play**
  우리 함께 신나게 놀아볼까요?   9

- **develop**
  우리 아기 쑥쑥 커라~   81

- **Love**
  하늘만큼 땅만큼 사랑해~   97

- **Provide**
  너에게 모든 걸 주고 싶어~   111

- 에필로그   126

* 프롤로그

'방긋방긋'부터 '까르르'까지
아기를 웃게 하는 방법은 많을수록 좋습니다

아기가 태어나고 나서 2년, 당신은 마치 롤러코스터에 탄 것처럼 환희와 좌절을 동시에 맛보게 됩니다. 모든 불면의 밤과 기저귀 갈기의 노고를 기억 저편으로 날려 버리는 것은 일순간 터지는 아기의 까르르 웃음소리와 백만 룩스로 빛나는 환한 미소일 것입니다.

대부분의 경우, 아기들은 기본적인 욕구가 충족되면 기분이 좋아지고 행복감을 느낍니다. 물론 몇몇 아기들은 선천적으로 행복한 기질을 타고 나고, 다른 아기들은 달래는 손길이 조금 더 필요할 수는 있습니다. 만약 당신이 아기를 웃게 하는 비장의 카드를 갖고 있다 하더라도 안심할 수는 없습니다. 한 번은 효과가 있을지 모르지만 다음번에도 성공할 것이란 보장은 없으니까요. 그래서 아기의 흥미를 끌 수 있는 재미있는 아이템은 많으면 많을수록 좋습니다. 이 책은 무려 100가지의 방법을 소개하고 있습니다. 이 중엔 분명 당신의 아기에게 효과 만점인 방법들이 있을 겁니다.

혹시 당신이 바보처럼 보일까 걱정하지는 마세요. 아기들은 그런 일에 전혀 신경 쓰지 않으니까요. 이 책 속에 있는 다양한 방법들을 실험해 보며 아기와 함께하는 시간을 최대한 즐기시길 바랍니다. 당신의 인생에서 아기의 웃음만큼 큰 선물은 없습니다.

짤랑짤랑 으쓱으쓱

아기를 가장 빨리 웃기고 싶다면 의성어와 의태어가 많이 들어간 동요를 불러주세요.
당신이 첫 행을 시작하자마자 아기들은 반응을 보이게 됩니다.
가능하면 활기차게 동작과 함께 해주면 더 좋습니다. 다양한 동작을 번갈아가면서 해보세요.
어떤 동작을 할 때 웃음이 터지는지 잘 지켜보았다가 그 동작을 반복하는 것이 팁입니다.
당신의 아기가 가장 좋아하는 단어와 동작을 발견하는 기쁨을 누릴 수 있습니다.

인형극

아기가 태어나고 처음 몇 달간 할 수 있는 가장 간단한 놀이가 바로 인형극입니다.
우선 다양한 질감과 색깔을 가진 인형 서너 개를 준비해주세요.
만약 인형이 없다면 헌 양말에 매직펜으로 눈, 코, 입을 그리거나 색종이를 붙여주면 됩니다.
인형이 준비되었으면 각각의 인형에 이름을 붙이고 독특한 목소리와 성격을 부여하는 겁니다.
동화 구연 작가처럼 능숙하지 않아도 괜찮습니다.
인형을 흔들며 이야기를 시작하면 아기는 금세 미소 지을 테니까요.

비눗방울 마술

솜씨 좋은 유아 사진작가들이 자주 쓰는 방법입니다.
막대에 비눗물을 적셔 오른쪽으로 왼쪽으로, 위로 아래로 비눗방울을 날려 보세요.
아기의 눈이 거품의 방향을 쫓아가는 것을 면밀히 지켜보면서 작업을 계속하세요.
아기들은 행복한 미소를 지으며 비눗방울을 잡으려고 이리저리 손을 내밉니다.
그러다 공중에서 비눗방울이 '펑' 하고 터지면
십중팔구 아이들은 까르르 웃음을 터뜨립니다.

4 깃털로 살랑살랑

아기들에게 다양한 감촉을 느끼게 하는 것은 세상과 소통하게 하는 훌륭한 방법입니다.
이 놀이에 필요한 것은 오직 깃털 하나뿐입니다.
아기의 팔과 다리가 드러나도록 짧은 옷을 입힌 다음,
깃털 하나로 아기의 얼굴과 팔다리, 손바닥과 발바닥의 순으로 부드럽게 훑어주세요.
대부분의 아기들은 깃털이 몸에 닿는 순간부터 미소를 짓습니다.
아기의 반응이 좋으면 양털이나 실크 같은 다양한 직물로도 시도해 보세요.

5 간지럼 괴물

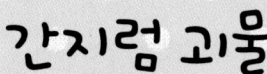

간지럼 피기는 아이들의 해맑은 웃음을 가장 확실하게 보장합니다.
간지럼 피기를 한 단계 더 짓궂게 만든 것이 '간지럼 괴물'입니다.
당신의 열 손가락을 꼼지락 꼼지락 움직이며 아기에게 다가가세요.
"간지럼 괴물이 찾아왔다."라고 말하면서요.
아마 당신이 아기를 만지기 전부터 까르르 웃음을 터뜨릴지도 모릅니다.
아기가 좀 더 크면 아기에게 간지럼 괴물의 역할을 맡겨주세요.

양말 놀이

혹시 지금 아기가 양말을 신고 있나요? 그렇다면 당장 시도해보세요.
아기가 신고 있는 양말을 벗기면서, 아기 발의 냄새를 맡는 척하는 겁니다.
다음엔 코를 잡으며 과장되게 "오, 발 냄새~~"라고 괴로운 표정을 지으면 끝!
백발백중 아기의 해맑은 웃음소리를 들을 수 있습니다.
아기가 웃었다면 반복, 반복하세요.
당신이 "발 냄새"라는 말만 해도 까르르 소리 내며 웃을 테니까요.

"숨결 불기가 싫증났다면, 목욕 오리를 이용하세요.
살짝 누르면 공기가 나오죠? 아기가 피부로 느낄 수 있게 해주세요."

7

숨결 불기

준비물이 하나도 필요 없는 놀이를 소개해 드립니다.
아기의 얼굴, 또는 손과 발에 당신의 숨결을 부드럽게 부는 것입니다.
아기는 가까이에서 느껴지는 엄마 아빠의 존재감에 눈을 스르르 감으며 행복감에 젖어듭니다.
장난감을 이용해서도 비슷한 놀이를 할 수 있습니다.
목욕 오리(러버 덕)를 꾹~ 누르면 공기가 나오지요?
그 공기를 아기의 피부에 부드럽게 불어넣으면 됩니다.

야단법석 신체놀이

이번엔 조금 와일드한 놀이입니다.
아기를 당신의 무릎 위에서 올렸다 내렸다 하기, 머리 위로 올리기, 바닥에 떼굴떼굴 굴리기 등입니다.
아기가 웃을 확률 거의 100%인 놀이입니다. 아기는 부모와의 신체 접촉을 통해 특별한 유대감을 형성하게 되며,
자신이 일대일로 사랑받고 있음을 느낍니다. 물론 세심한 주의가 필요합니다.
자칫 강도 조절을 잘못하면 아기의 울음으로 끝날 수도 있으니까요.

비행기 놀이

당신의 두 손으로 아기의 가슴과 하체 부분을 안전하게 받친 다음, 아기를 공중에서 위아래로
움직이게 하면 됩니다. "슈웅~~"하는 우스꽝스러운 비행기 소음을 연출하면서
"날아간다, 날아간다!"를 반복해 외치는 것이 팁입니다.
이 놀이를 통해 아기들은 누워서 보는 것과는 완전히 다른 시야를 경험합니다.
단, 식후에는 하지 말아야 한다는 점, 잊지 마세요.

10 드럼 연주자

사실 모든 아기는 드럼 연주자입니다.
물건을 두드리고 그 소리와 질감을 느끼면서 굉장한 즐거움에 빠져드니까요.
딸랑이 등 소리가 나는 장난감부터 스푼과 냄비, 컵까지 소리를 낼 수 있는
다양한 물건들을 동원해 타악기 오케스트라를 만들어보세요.
아기의 얼굴에서 웃음이 떠나지 않을 겁니다.
만약 음악 신동의 자질이 보인다면,
아기들을 위한 음악 교실에 참여하는 것도 고려해 보세요.

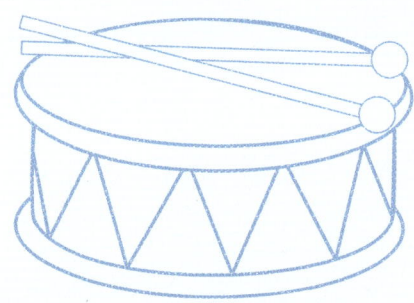

포장지풀기

전 세계 아기들이 좋아하는 것, 바로 휴지 풀기와 포장지 풀기입니다.
다양한 색깔로 반짝반짝 빛나는 포장지는 시각을 자극하고,
포장지가 구겨지고 찢어지면서 내는 소리와 느낌은 아기를 흥분시키기에 충분합니다.
간혹 어떤 아기들은 포장지를 맛보려고 시도하기도 하니까, 항상 옆에서 지켜보고 있어야 합니다.
만약 아기가 종이를 움켜쥐고 내놓지 않으려고 하면, 다른 장난감으로 시선을 돌려주세요.

12

장난감 어디 갔지?

아기에게 작은 장난감을 보여준 후, 쿠션 밑이나 당신의 등 뒤에 숨기세요.
그리고 이렇게 말하세요. "어, 장난감이 어디로 사라졌지?"
큰일이 난 것처럼 과장된 몸짓을 해주는 게 좋습니다.
아기가 장난감을 스스로 찾아내거나, 당신이 장난감을 찾아 '까꿍' 하고 보여주면
아기는 입이 귀에 걸릴 정도로 웃을 겁니다. 보통 5개월이 지나면 아기들은
잠시 보이지 않더라도 사라지지 않는다는 사실을 이해합니다.

13

빛의 요정

아기들은 태어나면서부터 본능적으로 빛을 좋아합니다.
특히 움직이는 빛은 아기들의 마음을 사로잡습니다. 아기를 당신의 무릎에 앉힌 후, 전등을 끄세요.
손전등을 켜서 벽에 빛으로 다양한 모양을 만들어보세요. 동그라미, 세모, 네모, 별……
아기의 눈이 빛의 모양을 따라올 수 있도록 천천히 움직이는 것이 요령입니다.
십중팔구 아기들의 얼굴엔 미소가 지어집니다.

14 그건 내 거야

아기들은 대부분 노리개 젖꼭지를 아주 좋아합니다.
당신이 노리개 젖꼭지를 들고 "이건 누구 거지? 형아 건가? 아빠 건가? 할머니 건가?
옆집 아기 건가? 강아지 건가?"라고 차례로 말하면 됩니다.
아기는 자신의 것이라고 소리를 지르고 손을 내밀 것입니다.
그때 "아하, 우리 아기 거로구나~"라고 말하며 아기의 입에 물려주면 됩니다.
아기는 이것이 놀이라는 것을 이해하고, 활짝 웃게 됩니다.

15
레이싱 게임

보행기를 이용해 재미있는 놀이를 즐길 수 있습니다.
보통 보행기는 핸들, 기어, 그리고 누를 수 있는 많은 버튼들을 가진 자동차처럼 만들어집니다.
아기를 보행기에 잘 앉힌 후, 출발하세요. "깜빡이 켜고 좌회전, 고속도로에선 속도를 내주고,
장애물이 나타나면 정지!"와 같은 말은 필수입니다.
아기는 마치 자신이 운전을 하는 듯한 느낌을 가질 것입니다.

16
물건이 쿵!

6개월 무렵의 아기는 의도적으로 물건을 떨어뜨리며 재미있어 합니다.
식탁 의자나 유모차에서 장난감을 놓아버리고, 그것이 어디로 사라졌는지 관찰하는 겁니다.
이 놀이가 당신을 지치게 할지는 모르지만, 아기가 웃을 확률 100%인 확실한 방법입니다.
아기가 싫증을 느낄 때까지 떨어진 장난감을 되찾아주기만 하면 됩니다.
"어디 갔지? 어디 갔지?" 하는 우스꽝스러운 리액션은 옵션입니다.

퍼니 사운드

부우~~~, 바아~~~, 부르르르르름~~~ 아기를 웃게 할 수 있는 소리는 이것뿐만이 아닙니다.
음매에~~~, 꽤액~~~ 재미있는 동물의 울음소리를 흉내낼 수도 있습니다.
좀 더 과장되고 우스꽝스러운 소리일수록 아기는 더 좋아합니다.
입술을 떨며 "푸우~~~" 하는 투레질도 시도해보세요.
단 아기의 입 안에 음식이 들었을 때는 절대 안 됩니다.
방안 가득 음식이 튈 테니까요.

17

18 식물 채집

날씨 좋은 날, 아기를 유모차에 태우고 산책을 나가십시오.
집 근처의 공원이나 녹지에 가서 갖가지 나뭇잎, 솔방울, 강아지풀과 들꽃들을 찾아보세요.
아기가 손으로 만지며 하나하나의 느낌을 만끽하도록 해주세요.
커다란 용기를 준비해 산책길에서 수집한 것들을 담도록 하면 더 좋습니다.
아기가 무서워하지 않는다면, 무당벌레 같은 작은 곤충들을 손바닥 위에 올려주세요.

플레이 까꿍

5개월이 지난 아기는 눈앞에서 사라진 것들이 다시 돌아올 것이라는 것을 압니다.
약간의 긴장감을 느끼며 그 시간을 즐길 줄 아는 것입니다.
이 시기엔 다양한 버전의 까꿍 놀이가 가능합니다.
침대나 소파 밑에 숨어 있다가 몸을 일으키며
"까꿍", 벽 뒤에 숨어 있다가 발만 내밀고 "까꿍" 등등.
아기의 미소는 금세 함박웃음으로 바뀌게 됩니다.

뮤지컬 놀이

아기가 태어나고 나서, 당신은 예전보다 훨씬 자주 노래를 부른다는 사실을 알아차렸을 것입니다. 아기를 재울 때도, 기저귀를 갈 때도, 목욕을 시킬 때도…… 이런 콧노래나 허밍을 노래로 만든다고 생각하면 됩니다. 일상적인 생활에 즉흥적인 가사를 붙이면 그대로 뮤지컬이 되니까요. 부끄러워할 필요는 전혀 없습니다. 아기는 당신에게 열광하는 첫 번째 팬이니까요.

꼭꼭 숨어라

이불 하나만 있으면 아기의 웃음소리를 확실하게 들을 수 있습니다.
먼저 당신이 이불을 뒤집어써서 모습을 숨기는 장면을 보여주세요.
아기는 흥미롭게 당신을 지켜볼 것입니다. 다음엔 아기에게 이불을 벗기는 역할을 맡기세요.
아기는 소리를 지르며 즐거워할 것입니다.
7~8개월이 된 아기들은 스스로 이불을 뒤집어쓰고 벗을 수 있게 됩니다.

21

놀이 아지트

활동적인 아기들은 큰 종이 상자나 빨래 통 같은 용기를 아주 좋아해서,
기어 들어가고 기어 나오면서 엄청난 즐거움을 느낍니다.
어떤 아기들은 몇 시간씩 같은 동작을 반복하기도 합니다.
아기가 좋아하는 장난감이나 이불, 인형 등을 그 안에 넣어주면 즐거운 놀이 아지트가 완성됩니다.
놀이를 하는 동안 가까이에서 지켜봐야 한다는 점, 유의하세요.

짐 캐리 되기

아기가 당신을 뚫어지게, 혹은 물끄러미 쳐다보는 것을 자주 경험할 겁니다.
아기들은 당신의 얼굴을 바라보는 것을 좋아합니다.
그래서 우스꽝스러운 표정을 지어보이는 것은 아기를 웃기는 가장 쉬운 방법입니다.
눈썹을 치켜 올리거나, 입술을 오므리거나, 혀를 내보이거나, 뺨을 불룩하게 부풀리면 됩니다.
과장된 표정일수록 효과는 좋습니다. 기저귀 갈기를 싫어하는 아이에게 꼭 활용해보세요.

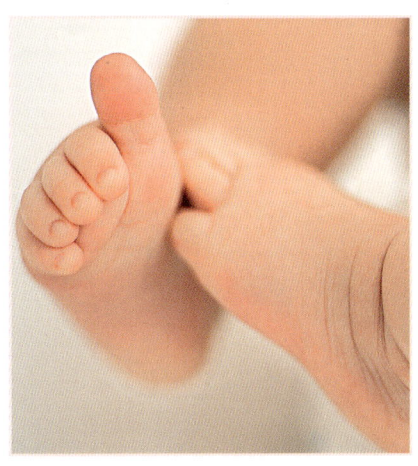

24 소시지 발가락

옷 갈아입는 것을 좋아하는 아기들은 없습니다.
그 시간을 즐겁게 만들 수 있는 재미있는 놀이를 소개합니다. 아기의 발을 잡고 이렇게 말하면 됩니다.
"아이, 배고파. 여기 소시지가 있네. 와, 맛있겠다.
냠냠냠~~." 그리고 발가락을 먹는 흉내를 내면 아기들은 분명 웃음을 터뜨리게 됩니다.
조금 큰 아기라면 "여기 케첩을 뿌려야겠다." 같은 멘트를 추가해보세요.

25
지저분 천국

아기의 몸이나 방이 지저분해지는 것은 당신에겐 악몽과도 같지만 아기에겐 천국입니다.
아기에게 간단한 옷을 입혀도 좋고, 기저귀만 채워도 좋습니다.
방바닥에 넓게 종이를 펴놓고 무독성의 어린이 물감으로 핸드 페인팅을 시도해보세요.
모래를 가득 넣은 상자나 밀가루 반죽을 활용해도 좋습니다.
아기들은 다양한 질감과 색채를 느끼며 행복해 합니다.

"잊지 마세요.
어른들에겐 지저분하게 느껴지는 공간이
아기들에겐 천국입니다.

26 감기 조심하세요

아기는 당신의 일거수일투족에 관심이 많습니다.
작은 몸짓과 표정에도 열광적인 반응을 보냅니다. 재채기가 대표적인 예입니다.
당신이 "에이치~~" 하고 가짜 재치기를 하면 아기들은 까르르 웃음을 터뜨립니다.
커다란 소리와 과장된 표정을 지을수록 효과는 더 좋습니다.
티슈를 여러 장 뽑은 다음, 코를 푸는 흉내를 내는 것도 시도해보세요.

27

바운스 바운스

모든 아기들은 점프하는 것을 좋아합니다.
가장 쉬운 방법은 당신의 무릎 위에서 아기가 뛰어오르게 해주는 것입니다.
좀 더 재미를 주기 위해서는 침대 매트리스 위에서 놀이를 하면 됩니다.
아기의 몸을 잡고 마치 트램펄린 하는 것처럼 점프하게 해주세요.
처음엔 엉덩이로 착지하도록 하고, 다음엔 발로 하면 됩니다.
적응이 되면 통통~ 연속 동작으로 점프하게 해주세요.

28

로커 맘

당신이 좋아하는 신나는 음악을 틀어놓고 볼륨을 올리세요.
마치 로커가 된 것처럼 헤드뱅잉과 기타 스트로크 흉내를 내며 노래를 부르면 됩니다.
아기는 음정이 맞는지, 가사가 맞는지 신경 쓰지 않습니다.
다만 당신이 신났다는 사실만은 잘 알고 있습니다.
이렇게 즐거운 분위기를 공유하는 것은 아기를 행복하게 해주고
당신과의 관계를 돈독하게 만들어줍니다.

설 위 댄스

아기가 태어난 지 몇 주 안 되었을 때부터 쓸 수 있는 방법입니다.
아기를 두 팔에 감싸 안고, 함께 춤을 추듯 움직이세요. 우아한 왈츠도 좋고 신나는 디스코도 좋습니다.
당신 품에 안겨 리듬과 율동을 느끼는 것은 아기에게 큰 기쁨이 됩니다.
아기가 머리를 가눌 수 있게 되면 아기의 허리를 잡고 댄스를 즐길 수 있습니다.
아기 스스로 설 수 있게 되면 손을 잡거나 발을 포개고 춤을 추세요.

거울아 거울아

아기들에게 거울은 더할 나위 없이 훌륭한 놀잇감입니다.
아기를 붙잡고 거울 앞에 선 다음, 이렇게 말해보세요. "우리 아기는 어디에 있을까? 앗, 여기에 있네!"
다음엔 아기의 몸을 좌우로 움직이며 거울에 비친 모습이 변하는 것을 관찰하게 해주세요.
거울 앞으로 다가갔다 멀어졌다 하는 동작을 반복하는 것도 아기들이 아주 좋아합니다.
재미있는 멘트는 기본입니다.

31 빛과 그림자

햇살 좋은 날, 벽이나 바닥에 비치는 그림자를 이용해 아기를 미소 짓게 할 수 있습니다.
당신이 아기를 품에 안고 움직이면서 그림자가 따라오는 것을 관찰하게 해주세요.
처음엔 서서히 움직이다가 "앗, 그림자가 따라오네. 도망가자~"라고 외치면서
재빨리 움직이면 아기의 미소는 까르르 하는 웃음소리로 바뀝니다.

떼굴떼굴

아기를 웃게 할 보다 확실한 방법입니다.
두루마리 휴지나 압박붕대를 준비해 아기가 굴릴 수 있도록 해주세요.
떼굴떼굴 방안을 굴러가는 모습을 보면 아기들은 모두 행복한 함성을 지르며 웃음을 터뜨립니다.
굴러가는 방향으로 당신이 정신없이 쫓아가는 흉내를 내면 효과는 2배가 됩니다.
물론 아기가 한 번의 놀이로는 만족하지 않을 테니, 휴지나 붕대를 다시 감는 수고는 필수입니다.

32

33
빙글 빙글

아기들은 움직임이 큰 물체에 관심을 갖습니다.
팽이나 요요같이 빙글빙글 도는 장난감은 아기들을 흥분시킵니다.
당신이 팽이를 돌리면 아기들은 그 움직임에 집중하다가 십중팔구는 그것을 붙잡으려고 할 것입니다.
돌리고 멈추고, 돌리고 멈추고를 아기가 싫증낼 때까지 반복하세요.
단, 팽이는 가볍고 모가 나지 않아 아기가 붙잡아도 위험하지 않은 것으로 준비해야 합니다.

데몰리션맨

7~8개월이 된 아기가 가장 좋아하는 놀이입니다.
블록을 높이 쌓은 다음, 아기에게 그것을 무너뜨리게 하면 됩니다.
"우당탕탕" 큰 소리를 내며 무너지는 블록 탑은 아기들에게 엄청난 기쁨을 줍니다.
탑을 처음부터 높이 쌓으면 안 됩니다. 쌓을 때마다 높여주어야 아기들의 만족감이 더 커집니다.
이 놀이는 아기가 싫증내기 전에 당신이 먼저 지칠 수 있다는 게 약간의 단점입니다.

나 잡아봐라

추격 게임은 아기에게 흥미진진한 전율을 선사합니다.
아기가 기기 시작하면 곧바로 시작해보세요.
당신이 손가락을 꼼지락 꼼지락 하면서 "널 잡아야겠어!"라고 말하면 게임 시작입니다.
아기는 최선을 다해 기어가다가 당신의 손길을 벗어나기 위해 구르거나, 이리저리 피할 것입니다.
당신이 아기를 잡게 되면, 벌칙으로 아기를 꼭 껴안고 뽀뽀를 퍼부어주세요.

36
간질간질 송

아기들을 가장 단시간에 웃길 수 있는 간지럼 태우기에 운율을 가미한 놀이입니다.
아기의 몸을 운율에 맞춰 부드럽게 간질여주세요.
"손바닥이 간질간질, 발바닥이 간질간질, 배가 간질간질, 등이 간질간질~"
아기는 "간질간질"이란 단어를 금방 이해합니다.
나중엔 "간질간질"이란 말만 들어도 재미있는 놀이를 기대하며 웃음을 터뜨리게 됩니다.

37
머리 어깨 무릎 발

아기를 당신의 무릎 위에 앉힌 후 "머리 어깨 무릎 발"의 노래 가사에 맞춰
아기의 신체 부위를 가리키게 하는 것입니다.
가능하면 아기의 손으로 자신의 몸을 가리키게 하는 것이 좋습니다.
"눈썹, 가슴, 배꼽, 발바닥"처럼 신체 부위를 바꿔 가며 우스꽝스럽게 노래 부르면 아기가 더 즐거워합니다.
이 놀이를 거울 앞에서 하면 또 다른 재미를 느낄 수 있습니다.

보들보들이 좋아

아기들은 자라면서 애착을 가지게 되는 물건이 생기게 됩니다.
대부분은 담요나 이불, 헝겊 인형과 같이 보들보들하고 따뜻한 느낌의 물건들입니다.
이런 아기의 애장품으로 즐거운 시간을 보낼 수 있습니다.
담요 뒤집어쓰기, 담요로 망토 만들기, 담요 위에서 수영하기, 인형으로 간질간질 놀이 등
아기가 아늑함과 부드러움을 최대한 느낄 수 있게 해주세요.

코미디쇼

6개월 된 아기들은 이미 훌륭한 유머 감각을 가지고 있습니다.
이상한 소리, 재미있는 표정, 바보 같은 목소리에 즉각적인 반응을 보이는 것입니다.
아기의 웃음소리를 듣고 싶다면 여기에 익살스러운 동작을 추가해보세요.
발을 헛디딘 체하고, 옷의 앞뒤를 바꿔 입고, 물건에 부딪친 척하면 됩니다.
아기는 이것이 심각한 상황이 아닌 코미디임을 이해합니다.
아마 계속 다시 하라고 재촉할 것입니다.

40

버블 버블

목욕을 좋아하지 않는 아이들에게 효과적인 놀이 방법을 소개합니다.
목욕 시간, 당신의 얼굴과 코끝에 비누 거품을 묻힌 후, 아기에게 그것을 쓰다듬어 없애도록 하면 됩니다.
아기는 몇 번이나 반복하길 원할 것입니다. 아기의 머리카락에 거품을 묻힌 후,
엘비스 프레슬리 머리로 만들어도 좋습니다. 거울을 보여주면 자신의 모습에 웃음을 터뜨릴 것입니다.

"아빠는 거품 수염, 아기는 거품 머리,
신나는 목욕 시간입니다."

첨벙첨벙

목욕시간, 욕실에 물이 튀는 것도 당신의 옷이 다 젖는 것도 생각하지 말고,
가끔은 아기에게 마음껏 첨벙거릴 자유를 허락하세요.
욕조에 물을 채워놓고 다양한 장난감들을 넣어주세요.
그리고 아기가 물을 튀기고 첨벙거리도록 당신이 먼저 시범을 보이세요.
아기와 당신 모두 거품을 뒤집어쓸 수도 있지만 아기에겐 엄청나게 신나고
흥분되는 경험일 것입니다.

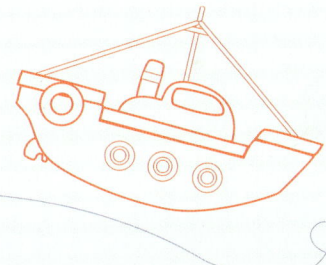

플레이 볼

적당한 크기의 탱탱볼을 준비해서, 아기가 던진 공을 받아주는 것과 같은 단순한 놀이부터 시작해보세요. 아기는 자신이 던진 공을 당신이 잡든 못 잡든 즐거워합니다. 상자 속에 공 집어넣기, 공을 굴려서 앞의 장난감이나 블록 쓰러뜨리기, 입김 불어서 공 움직이기도 아기들이 좋아합니다. 아기가 가장 크게 웃었던 놀이를 기억해두었다가 다양하게 응용해보세요.

수영을 배우자

의외로 많은 아기들이 수영장의 물속에서 엄마 뱃속과 같은 편안함을 느낍니다.
물속에서 당신의 무릎을 굽힌 다음 아기를 잡고 조심스럽게 들어 올렸다 내렸다를 반복해 주세요.
물에 적응을 하면 배영을 하는 동작으로 부드럽게 아기를 눕힌 후, 물을 미끄러지듯 움직이게 해주세요.
손이나 발로 물장구를 칠 수 있게 해주면 아주 즐거워할 것입니다.

44

내가 엄마야

조금 큰 아기들이 좋아하는 놀이로, 테디베어나 토끼 인형을 갓난아기로 생각하고 아기 돌보기 놀이를 하는 것입니다. 우선 인형들에게 아기가 발음하기 쉬운 이름을 지어주세요. "아기 배고플 테니 우유를 먹이자. 쉬를 했으니 기저귀도 갈아줘야겠네."와 같은 말로 아기가 인형을 돌보도록 해주세요. 아기들은 특히 목욕시키기, 재우기를 좋아합니다.

저글링

의외로 아기들은 아주 쉽게 웃음을 터뜨리는데, 바로 당신이 공중에 공을 던지고 받는 것과 같은 단순한 동작을 할 때입니다. 당신은 복잡한 저글링을 배울 필요가 없습니다. 공 2개나 3개만으로도 아기는 충분히 즐거워합니다. 또 실수를 할까봐 두려워할 필요도 없습니다. 당신이 공을 떨어뜨리면 아기들은 더 즐거워하니까요.

"공중에 공을 던지고 받는 단순한 동작은 아기를 흥분시키기에 충분합니다."

책벌레

46

당신이 동화책을 읽어주는 것도 좋지만 가끔은 아기가 주도적으로 책을 읽을 수 있도록 해주세요. 버튼을 누르면 소리가 나오는 책이나 책장을 넘기면 입체가 만들어지는 책, 덮개를 올리면 그림이 숨어 있는 그림책 등을 활용하면 됩니다. 동물의 소리가 나거나, 그림이 만들어지는 순간, 과장된 감탄사로 아기를 격려해 주세요. 아기의 방긋 방긋 미소가 확실히 보장됩니다.

만지고 맛보고 즐기고

아기는 음식의 맛뿐 아니라 질감에 흥미를 느낍니다.
아기에게 버려도 되는 옷을 입힌 후 유아용 의자에 앉히세요.
의자 밑에는 매트나 비닐을 까는 것을 잊으시면 안 됩니다.
식탁 위에 푹신한 으깬 감자, 질척한 바나나, 끈적거리는 스파게티, 흐물흐물한 오트밀 등을 올려주세요.
아기가 음식을 먹고 만지고 마구 문지르게 놔두세요.
행복한 웃음소리가 끊이지 않을 겁니다.

48
흙장난

7~8개월 이후의 아기라면 햇살 좋은 날 공원 나들이를 해보세요.
잔디를 만져보고, 꽃향기를 맡고, 조그만 곤충들을 지켜보게 해주세요.
혼자 일어설 수 있는 아기라면 아기용 모종삽과 작은 용기를 주어 흙장난을 하도록 해도 좋습니다.
식물의 촉감, 흙의 질감, 꽃과 나무 냄새를 맡으며 보낸 하루는 아기를 웃게 할 뿐만 아니라
아주 큰 행복감을 선사합니다.

49
도깨비상자

전 세계 어디나 상자를 열면 도깨비 같은 물체가 튀어나와 깜짝 놀라게 하는 장난감이 있습니다.
아기들은 무언가가 튀어나오면 즐거움에 겨워 소리를 지릅니다.
쉽게 질리지 않고 계속 반복하기를 원합니다.
조금 큰 아기라면 아기 스스로 장난감을 작동시키도록 해보세요.
자신의 손으로 장난감이 작동되는 것을 보면 더 흥분하고 더 신나할 테니까요.

50

진기 명기

당신의 어설픈 개인기에 환호할 한 사람이 있다면 바로 당신의 아기입니다.
당신이 혀를 길게 내민다거나, 두 눈을 가운데로 모은다거나, 입으로 과자를 받아먹거나,
물구나무서기를 한다면 아기는 까르르 웃음을 터뜨릴 것입니다.
아기의 옷을 갈아입히거나 기저귀 갈기가 힘들다면 3분 정도의 레퍼토리로 공연을 준비해두세요.
효과가 탁월합니다.

51

그네 타고 안녕

6~7개월이 지나 아기가 앉는데 익숙해지면 놀이터로 데려가 그네를 태우세요.
당신이 그네의 앞에 서서 아주 조심스럽게 그네를 밀어주면 됩니다.
그네를 뒤로 밀면서 "안녕히 가세요."라고 말하고, 그네를 당신 쪽으로 당기면서 "안녕하세요."라고 말하세요.
다시 뒤로 밀고 당기면서 이 말을 반복하면 됩니다.
아기는 그네와 바람의 움직임에 몸을 맡기며 행복감에 젖게 됩니다.

아기 동물원 52

아기 동물원에 가면 당나귀, 양, 토끼, 기니피그, 염소들을 가까이에서 볼 수 있을 뿐만 아니라 만져볼 수도 있습니다. 또 동물들에게 먹이도 줄 수 있습니다.
아기들은 당나귀가 당근을 맛있게 먹고 토끼가 풀을 오물거리며 먹는 모습을 아주 좋아합니다.
동물들을 친구로 여기게 되는 소중한 경험이 될 것입니다.
단, 동물을 만진 후엔 아기의 손을 깨끗하게 닦아주는 것, 잊지 마세요.

53. 쉐킷 쉐킷

아기가 장난감들을 지겨워하는 것처럼 보이면, 일상의 생활용품들을 활용해보세요.
빈 용기를 몇 개 준비해 각각 콩과 팥, 파스타와 같은 건조한 식재료를 넣어 세상에 하나밖에 없는
딸랑이를 만들어주는 것입니다. 흔들 때마다 각각의 재료가 다른 소리를 내므로 쉽게 싫증을 내지 않습니다.
투명한 용기를 이용하면 그 안에서 재료들이 리드미컬하게 움직이는 모습을 지켜볼 수 있어 더 좋습니다.

54. 빈둥거리기

아기와 함께 마룻바닥에 누워 오후의 느긋함을 즐겨보세요.
파란 하늘에 구름이 떠있고 해가 구름 사이에 숨었다 나왔다 하는 풍경을 아기에게 동화처럼 들려주세요.
시계가 째깍째깍 움직이는 소리, 멀리서 개가 짖는 소리, 차의 경적 소리,
지나가는 사람들의 발자국 소리도 동화의 소재가 됩니다.
아기는 당신의 목소리가 주는 편안함에 행복한 미소를 지으며 스르륵 잠에 빠져들게 될 것입니다.

55
휘파람 불기

당신이나 아기 모두 동요 부르기가 싫증났다면, 동요를 휘파람으로 불어보세요.
아기는 새로운 소리, 특히 고음에 관심이 많아서 휘파람을 불 때
당신의 얼굴 표정과 입 모양을 유심히 관찰할 것입니다.
아기가 좋아하는 동요를 노래로 한 번, 휘파람으로 한 번 번갈아 불러주세요.
아기는 작은 입을 오므리며 당신을 따라 휘파람을 불려는 동작을 시도할 것입니다.

56 딸랑이를 잡아라

3개월이 지나면 아기들은 물건을 잡으려고 손을 뻗을 수 있습니다.
딸랑이와 같은 작은 장난감을 보여주면 아기들은 손을 내밀 것입니다.
그러면 딸랑이를 조금 먼 곳에 떨어뜨려 놓으세요. 아기들은 기어가서 그것을 잡으려 할 것입니다.
아기가 딸랑이 근처까지 오면 조금 더 먼 곳으로 가져다 놓으세요.
아기가 마침내 그것을 잡았을 때 행복한 웃음을 터뜨릴 것입니다.

57

여보세요

아기들이 전화에 관심을 보일 때, 장난감 전화 놀이를 해보세요.
아기에게 장난감 전화를 준 후 당신이 먼저 얘기를 건네 보세요.
"여보세요. 거기 ○○(아기 이름)네 집이죠?"
"저는 ○○ 엄만데요. 오늘 날씨가 참 좋네요." 그때그때 생각나는 이야기를 하면 됩니다.
대부분의 아기들은 미소와 함께 알아들을 수는 없지만 귀엽기 그지없는 재잘거림을 시작할 것입니다.

버튼 누르기

대부분의 아기들은 리모컨을 좋아합니다.
좋아하는 장난감과 리모컨을 주고 선택하라고 하면, 아기는 확실히 리모컨 쪽을 선택합니다.
리모컨에 달려 있는 수많은 버튼들이 아기들을 매료시키기 때문입니다.
아기를 행복하게 해주고 싶다면, 쓰지 않는 리모컨을 주어 버튼을 신나게 누르게 해주세요.
단 건전지는 빼고 줘야 한다는 점은 잊지 마세요.

상자 안의 상자

과자 상자, 선물 상자, 약 상자 등 크고 작은 여러 개의 상자를 준비해주세요.
아기 앞에 모든 상자를 가져다주고, 큰 상자 안에 작은 상자를 차례로 넣는 모습을 아기에게 보여주세요.
다음에 상자를 다 꺼낸 후, 아기에게 차례대로 상자를 넣으라고 해주세요.
처음엔 어려워하던 아기들도 금세 이 놀이를 즐깁니다.
플라스틱 그릇이나 마트로시카(러시아 인형)로 같은 놀이를 할 수 있습니다.

60
동물농장

동물 소리를 내는 것은 단순하지만 아기들을 웃게 하는 가장 효과적인 방법입니다.
"닭장 속에는 암탉이~~"로 시작하는 동물농장 노래에 맞춰 "꼬꼬댁, 음매, 꽥꽥, 야옹~" 하며
과장되게 노래를 부릅니다. 동물 인형이 있다면 노래에 맞춰 흔들어주세요.
아기가 웃음을 터뜨리게 하고 싶다면, 네 발로 엎드려 동물 흉내를 내주세요.
효과가 아주 좋습니다.

61 소포 왔어요

소리 나는 장난감과 포장지 3장이 이 놀이에 필요한 전부입니다.
한 번, 두 번, 세 번, 장난감을 3장의 포장지에 차례차례 싸주세요.
그리고 "소포 왔습니다."란 말과 함께 아기에게 건네주면 됩니다.
놀이 중간 중간, 포장지에 싸인 장난감을 몇 번 흔들어주는 것이 팁입니다.
아기가 첫 번째 종이를 벗겨내면 "그게 어디 갔지?"라고 말하세요.
아기가 마지막 종이를 벗겨 장난감을 찾아내면 "여기 있었네!"라고 칭찬해주면 됩니다.

62

스포츠 타임

아기가 어릴 때도 할 수 있는 신체 놀이입니다.
아기를 바닥에 눕힌 후 다리를 조심스럽게 잡고 자전거 타는 동작을 하는 것입니다.
"따르릉 따르릉" 같은 노래를 불러주며 리드미컬하게 움직이면 됩니다.
자전거 놀이가 끝났으면 수영 놀이로 넘어가세요. 아기를 엎드리게 한 다음,
고개를 앞으로 들고 팔을 뻗어 수영하는 모습처럼 움직이게 하세요.
자유형, 접영, 평형 등 응용이 가능합니다.

63

네 발 축구

기어 다니는 아기들과도 축구 놀이를 즐길 수 있습니다.
네 발로 기면서 공놀이를 하는 것입니다. 가볍고 부드러운 헝겊 공을 준비해 아기와 공을 다퉈보세요.
마치 축구 중계를 하듯 긴박감 있고 재미있는 멘트들을 하면 아기가 더 즐거워합니다.
아기가 걸을 수 있게 되면, 당신에게 공을 패스하게 하거나
의자로 만든 골대에 공을 차 넣도록 하면 됩니다.

엄마의 가방

64

사실 아기는 자신의 장난감보다 엄마의 가방에 훨씬 관심이 많습니다.
아기에게 당신의 가방을 샅샅이 뒤져볼 기회를 준다면 아기는 아주 기뻐할 것입니다.
아기는 가방에서 열쇠를 꺼내고, 지갑을 꺼내 열고 닫고, 메이크업 브러시를 만져보거나,
컴팩트 거울을 바라볼 것입니다. 또 슈퍼의 영수증을 돌돌 말며 미소 지을 것입니다.
단, 아기가 발견한 것들을 입으로 가져갈 수 있으니 항상 옆에서 지켜봐야 합니다.

develop

우리 아기 쑥쑥 커라~

빅스마일

앞에서도 얘기했지만 아기들은 얼굴 쳐다보기를 좋아합니다.
태어난 지 얼마 되지 않은 아기들도 엄마의 얼굴을 응시하고, 그 표정을 자세히 관찰합니다.
풍부한 표정과 과장된 웃음은 금세 아기에게 전염됩니다.
표정과 웃음을 과장할수록 효과는 커지니까 부끄러워하거나 망설일 필요가 없습니다.
당신의 웃음소리가 커질수록 아기의 미소도 밝아질 것입니다.

66
세상 구경

아기들은 아기 의자에 앉아 바깥 풍경을 바라보는 것을 좋아합니다.
차가 지나가는 모습, 놀이터의 아이들, 테니스 치는 사람, 비가 오는 거리……
아기용 의자는 탄력이 좋고 아기를 잘 지탱하는 것으로 준비해주세요.
아주 어린 아기라면 머리를 받쳐주는 디자인을 골라야 하고, 의자에 부착된 벨트를 꼭 매주세요.
그리고 높은 곳에서는 절대로 사용하지 말아야 합니다.

67
외출하기

하루 종일 집에 있다면 아기도 종종 따분해집니다. 아기가 칭얼댄다면 외출을 시도해보세요.
아기를 유모차에 태우고 공원을 산책하고, 가로수 길을 걷고, 전시회에 가보는 것을 추천해드립니다.
또 아기들이 좋아하는 외출 코스엔 슈퍼마켓이 있습니다. 밝은 조명과 수많은 사람들,
선반마다 쌓여있는 컬러풀한 물건들, 과일과 채소들, 아기는 분명 즐거운 미소를 띨 것입니다.

조금만 더

배로 기는 아기, 네 발로 기는 아기, 발걸음을 뗀 아기, 모두 즐길 수 있는 놀이를 소개합니다.
아기들의 활동 능력을 고려해 손을 뻗어서 잡을 거리에 아기가 좋아하는 물건을 놓아둡니다.
아기가 물건을 잡으려고 하면 조금 더 먼 거리에 물건을 옮겨놓습니다.
아기가 다시 물건을 잡으려 하면, 다시 좀 더 먼 곳으로 옮겨놓습니다.
이 놀이는 너무 반복하면 아기를 울릴 수도 있다는 점, 유의하세요.

기저귀 안녕

아기들에게도 기저귀는 걸리적거리는 존재입니다.
목욕 시간 전, 아기의 옷은 물론 기저귀까지 모두 벗겨주세요.
아기는 발가벗고 돌아다니며 자유로운 시간을 만끽하게 됩니다.
처음엔 어색해할지 모르지만 아기들은 금방 "꺄악" 소리를 낼 정도로 신나할 것입니다.
방의 온도를 체크하고, 아기를 다치게 할 물건들을 미리 치워놓아야 한다는 사실을 잊지 마세요.

터치 앤 터치

부드러운 마사지는 아기들에게 큰 행복감을 선사할 뿐 아니라,
당신과 아기 사이에 놀라운 유대감을 형성해줍니다. 실제적으로 스킨십은 기분을 좋게 하는
호르몬을 자극해 숙면을 취하도록 도와줍니다. 굳이 마사지 테크닉을 배울 필요는 없습니다.
아기의 이마와 뺨을 부드럽게 쓸어주고 팔과 다리, 배와 등을 원을 그리듯 부드럽게 마사지해주면
아기는 분명 눈을 감고 미소를 지을 것입니다.

재잘재잘

아기는 태어나기 전부터 당신의 목소리를 들었습니다.
아기에게 당신의 목소리는 아늑함, 안심, 충만함, 행복감을 상징합니다.
가능하면 아기에게 많은 말을 해주세요.
기저귀를 가는 동안, 아기를 안고 걸어가는 동안, 목욕하는 동안, 유모차에 태워 산책을 하는 동안,
당신의 느낌과 생각을 말로 표현하세요.
아기는 절대로 당신의 말에 피곤해 하지 않습니다.

72
놀이 단짝

당신은 분명 아기를 위한 놀이 매트를 가지고 있을 것입니다.
아기들은 보통 놀이 매트 위에서 기고, 구르고, 장난감을 가지고 놉니다.
가끔은 당신이 아기가 된 것처럼 놀이 매트에서 아기와 같은 동작을 해보세요.
의외로 아기들은 당신의 이런 엉뚱한 모습에 대단히 열광합니다.
아기의 가장 좋은 놀이 단짝은 당신이라는 사실을 잊지 마세요.

73
친구가 필요해

6~7개월 무렵, 아기들은 도움 없이 혼자 앉을 수 있고 그때부터 다른 아기들과 소통하기 시작합니다.
놀이터에서 자주 보는 이웃의 아기가 있다면, 서로를 알아보고 미소 짓고 친근함을 표현할 줄 압니다.
조금 더 큰 아기들은 또래 친구들과 함께 놀이 활동을 즐길 수 있습니다.
적극적으로 친구를 만들어주려면 아기 전용 놀이센터를 활용해도 좋습니다.

장애물 경주

기고, 뒹굴고, 오르고, 걷고…… 아기들은 잠시도 쉬지 않고 움직입니다.
이런 아기들의 활동 욕구를 충족시켜주기 위해 집안에 미니 장애물 경주 코스를 만들어주세요.
오르기 위해서는 쿠션을, 뒹굴기를 위해서는 매트를, 멈추기를 위해서는 튼튼한 상자를 활용하세요.
통과하기를 위해서는 당신의 다리로 터널을 만들면 됩니다.
곳곳에 장애물처럼 몇 개의 공들을 놓아두면 아기가 더 즐거워합니다.

쿵쿵쿵 짝짝짝

7~8개월의 아기들은 양손에 쥔 장난감을 부딪치게 하는데 재미를 느끼고, "쾅" 하는 소리에 관심을 보입니다. 이때쯤 블록 장난감이나 플라스틱 그릇, 종이 용기 등 안전한 놀이거리를 제공해 주면 다양한 재질에서 나는 다양한 소리가 아기의 감각을 자극합니다. 또한 이 시기의 아기들은 박수를 칠 수 있습니다. 아기를 칭찬할 때 아낌없이 박수를 쳐주세요. 아기들은 따라하면서 즐거움을 느낍니다.

78

잠들기 전에

아기가 가장 좋아하는 것은 당연히 당신입니다.
잠자기 전, 모든 장난감을 치우고 당신의 팔 안에 아기를 꼭 안고 누우세요.
이렇게 함께 뒹구는 시간은 아기를 아주 행복하게 만듭니다.
그 상태에서 책을 읽어주거나 자장가를 불러주면 됩니다.
아기는 당신을 바라보는 것도 좋아하지만 당신의 얼굴을 만져보고,
체온을 느끼는 것 또한 즐거워합니다.

76

렛츠 토크

빠른 아기들은 돌이 되기 전에 실제 단어를 말할 수 있습니다.
하지만 대부분의 아기들은 "마" "바" "가"와 같은 소리들을 연습하는 단계일 것입니다.
아기들이 어떤 소리를 낼 때, 비슷한 단어들을 사용해 격려해주세요.
아기가 "마"라고 말하면 "그래 엄마야", 아기가 "바"라고 하면 "아빠, 저기 있네."와 같이
적극적인 반응을 보이는 것입니다. 이런 반응은 아기를 즐겁게 할 뿐 아니라,
말하기에도 도움이 됩니다.

나를 잊지 마세요

가족의 저녁 식사 시간, 아기는 가족의 등만 쳐다보는 경우가 많습니다.
아기가 이미 식사를 다 마쳤더라도 아기용 의자를 이용해 식탁에 앉혀주면 아주 행복해 합니다.
엄마와 아빠, 혹은 형제들이 식사를 하는 모습을 지켜보며 자신이 가족의 일원임을 실감하는 것입니다.
아기에게 과일이나 음료를 주어 함께 식사하는 기분을 느끼게 해주면 좋습니다.

77

Love ♡

하늘만큼 땅만큼 사랑해~

첫 번째 미소

아기의 하루 중 첫 번째 미소를 보는 것은 그리 어렵지 않습니다.
당신이 아침에 일어나 졸음에 겨운 눈을 비벼 아기를 바라보면, 당신의 눈과 마주치자마자
아기들은 행복한 미소를 지을 것입니다. 아마 당신은 졸음이 싹 달아나는 행복감과 기쁨을 경험할 것입니다.
대부분의 아기들은 아침에 기분이 좋기 때문에 이를 최대한 즐길 필요가 있습니다.

푸~~ 푸~~

아기들의 팔과 다리, 배에 입술을 대고 푸~~ 소리가 나도록 불어주면
모든 아기들은 까르르 웃음을 터뜨립니다. 간질간질한 촉감과 우스꽝스러운 소리의 조합이
아기를 흥분시키는 것입니다. 특히 옷 갈아입기, 기저귀 갈기를 좋아하지 않는 아이들에게 활용하면
효과 만점입니다. 조금 큰 아기라면 자신의 손과 팔에 투레질을 하도록 시켜보세요.

81

잡아먹자~

아기가 기어 다닐 때가 "잡아먹자~" 놀이의 최적기입니다.
아기는 기어서 도망가고 당신은 뒤쫓아갑니다. 아기가 기는 속도를 잘 맞춰서 아슬아슬하게
추격전을 펼치는 것이 팁입니다. 당신이 아기를 붙잡으면 품안에 꽉 껴안고 볼에 가볍게 뽀뽀한 다음
"널 잡아먹을 거야"라고 말하면 됩니다.
아기들은 이 놀이를 너무 좋아해서 지칠 때까지 멈추지 않을 것입니다.

82

세레모니

당신이 하루 종일 밖에서 일한다면 관심을 가질만한 아이템입니다.
아기는 당신이 언제쯤 올지 알고, 당신이 오기를 기대합니다. 그런 아기에게 설렘과 기쁨을
더해주기 위해, 당신이 집에 왔음을 알리는 세레모니를 준비하는 것입니다.
"엄마~ 왔다~"와 같은 도착 메시지와 함께 아기를 뒤에서 껴안아주는 등
재미있는 동작을 준비해 아기가 활짝 웃을 수 있도록 하세요.

83

뽀뽀뽀

사랑이 듬뿍 담긴 뽀뽀는 아기를 행복하게 해줍니다.
돌 무렵이 된 아기들은 당신이 뽀뽀를 해주려고 몸을 숙이면, 당신을 따라하려고 합니다.
아기가 당신의 뺨에 뽀뽀를 할 수 있도록 자세를 잡아주고, 뽀뽀를 받은 후엔
당신의 뺨을 감싸면서 조금은 과장된 감탄사와 리액션을 해주는 것이 좋습니다.
아기에게 다른 사람들에게 뽀뽀하라고 강요하는 것은 좋지 않습니다.

84
위 아 패밀리

생일파티, 가족여행, 피크닉, 외식 등 가능하면 아기를 가족행사에 많이 참여시키는 것이 좋습니다.
아기들은 이런 행사를 통해 자신이 가족의 일원이고, 가족이 자신을 사랑한다는 사실에 행복감을 느낍니다.
온가족이 아기의 놀이 매트에서 같이 놀아주는 것, 함께 식탁에서 식사를 하는 것과 같은
소소한 일에도 아기는 행복한 미소를 짓게 됩니다.

85
형이 해줄게

아기에게 형이나 누나가 있다면 아기를 웃게 할 수 있는 방법이 몇 배나 더 늘어나는 셈입니다. 가끔은 형이나 누나에게 엄마나 아빠의 역할을 양보하세요. 그들에게 동화책을 읽어주게 하고, 이유식을 떠먹이게 하고, 매트에서 놀이를 하도록 하세요. 비록 실수는 많이 하겠지만, 아기들은 그런 모습을 더 좋아하고 웃음을 터뜨릴 것입니다.

86

대가족이 좋아

할아버지, 할머니, 고모, 삼촌, 이모, 사촌 등 폭넓은 가족 구성원들은
아기에게 엄청난 행복감을 안겨줍니다. 자주 보지 않더라도 아기들은 친근감과 사랑 받는 느낌을 이해합니다.
친척들을 만날 때는 잠시 응석받이가 되어도 좋습니다. 아기가 하고 싶은 대로 다 할 수 있도록 해주세요.
아기가 잠시의 자유를 만끽할 동안, 당신도 잠시의 여유를 즐기면 됩니다.

굿모닝 허그

아침에 눈뜨자마자 "잘 잤니?"라는 말과 함께 아기를 꼭 안아주고
서로의 체온을 느낄 수 있도록 한동안 그대로 있으세요. 아기를 안고 이야기를 나누거나, 동요를 부르거나,
아니면 서로의 눈을 응시하세요. 하루를 행복한 미소와 함께 시작하는 것은
아기에게도 당신에게도 큰 의미가 있습니다. 이 모든 일을 아침 식사 전에 꼭 하도록 하세요.

88

포토 타임

동화책 읽기가 싫증났을 때 가족들의 사진이 담긴 앨범을 보면 좋습니다.
사진 속에 있는 사람들을 손가락으로 가리키며 아기에게 이야기해주세요.
누가 무슨 일을 하고 있으며, 그때 어떤 느낌이었는지를 얘기해주면 됩니다.
가능하면 그 순간으로 돌아가 생생하게 묘사하면 더 좋습니다.

89

동물 마술

집에 반려동물이 있다면 아기는 훨씬 더 자주 웃게 될 것입니다.
아기의 장난감을 쫓아 달리는 강아지, 자신의 꼬리를 핥는 고양이, 당근을 오물오물 삼키는 토끼 등
동물들의 자연스러운 모습에 아기는 웃음을 터뜨립니다.
아기들은 반려동물을 장난감으로 생각해 난폭하게 다루는 경우가 많습니다.
아기나 반려동물, 모두 다칠 수 있으니 세심하게 지켜봐야 합니다.

Provide

너에게 모든 걸 주고 싶어~

식사하세요~

아기에게 음식을 줄 때는 항상 식판이 붙어 있는 아기용 높은 의자에 앉히는 것이 좋습니다.
그러면 아기는 자연스럽게 의자와 식사 시간을 연결시키게 됩니다.
의자에 앉자마자 활짝 웃으며 손이나 숟가락으로 식판을 두드리거나 "맘마 맘마"를 외칠 것입니다.
음식을 조금 흘리더라도 혼자서 끝까지 먹도록 격려해주세요.
아기는 식사 시간이 행복하다고 느낄 것입니다.

"음식을 다 먹은 후엔,
재미있는 놀이를 연결시켜
식사 시간의 즐거움을 만끽하게 해주세요."

물 한 잔 하실래요?

91

배고프지 않은데도 아기들이 칭얼거린다면 목이 마른 건지도 모릅니다.
아기가 혼자 컵을 잡을 수 있게 되면 다양한 재질, 다양한 컬러의 컵을 준비해 두세요.
알록달록한 컬러로 동물이나 꽃, 별 등이 그려져 있거나 야광 처리된 컵이면 더 좋습니다.
물을 주기 전에 아기에게 다양한 컵을 보여주고 그 중 하나를 선택하게 하세요.
물 먹는 시간을 즐기게 됩니다.

92

숟가락, 아니 손가락

가끔은 아기에게 숟가락 대신 손으로 음식을 먹는 기쁨을 주세요.
살짝 데친 브로콜리와 당근, 잘 익은 바나나와 치즈, 신선한 아보카도와 토스트 등을 준비해주세요.
모든 재료들은 아기가 한 손에 들고 먹기 좋은 크기로 잘라주어야 합니다.
아기들은 손으로 먼저 음식을 느끼고, 그것을 입으로 가져가 냄새 맡고 맛봄으로써
자유로움과 행복감을 맛봅니다.

93 시그널 만들기

아기들의 하루 일과는 식사시간, 낮잠시간, 놀이시간, 목욕시간 등으로 나눠집니다. 각각의 시간이 시작되었음을 알리는 시그널을 만들면 아기가 재미있어 합니다. 컵에 숟가락을 넣고 흔들면 식사시간, 매트를 방바닥에 쫙 펼치면 놀이시간, 스마트폰의 자장가 벨이 울리면 낮잠 시간! 목욕 오리의 삑삑 소리는 목욕 시간! 놀이를 하고 싶은 아기는 스스로 매트를 끌고 오기도 합니다.

94 간식 주세요~

아기의 세끼 식사시간이 고정되면 하루에 2번, 오전과 오후에 간식시간을 만드세요. 간식용 접시와 컵, 식탁 매트를 따로 준비해, 식사시간과는 다른 즐거운 분위기를 연출해주는 것이 중요합니다. 메뉴로는 막대 비스킷과 곡류 시리얼, 바나나와 망고, 오렌지, 포도와 같이 부드러운 질감의 과일을 준비하세요. 가능하면 매일 다른 메뉴를 준비해 아기가 기대하게 해주세요.

95
우유에 취하다

아기가 태어난 후, 당신이 가장 처음 발견하는 미소는 아마 '우유에 취한' 미소일 것입니다. 충분한 양의 모유나 우유를 먹은 아기는 그 모든 불면의 밤을 잊게 만드는 아주 사랑스러운 미소를 짓습니다. 할 수만 있다면 이 미소를 카메라에 담아 두기를 권합니다. 왜냐하면 이 미소는 생후 단 몇 주만 볼 수 있기 때문입니다.

96

질겅질겅

아기들의 잇몸에 진주처럼 하얀 이가 돋을 때, 당신은 신비로움을 느낄 것입니다.
하지만 이때는 아기들이 가장 웃기 어려운 때이기도 합니다.
아기들이 이가 날 때 사용할 수 있는 장난감들 몇 개를 냉장고에 미리 넣어두었다가
하나씩 꺼내주세요. 장난감에 싫증이 날 때면, 당근과 같은
딱딱한 질감의 채소를 막대 모양으로 잘라 주면 아기들이 좋아합니다.
단, 아기가 삼킬 수 있으니 주의하세요.

땡큐, 선샤인

햇빛은 아기를 기분 좋게 할 뿐 아니라, 비타민D 형성을 도와주고 밤에 숙면을 취하도록 해줍니다.
비가 온 다음, 혹은 유난히 맑은 날이면 공원을 걸으며 깨끗한 공기와 투명한 햇살을 만나도록 해주세요.
햇빛이 우리의 눈을 부시게 하고, 피부를 간지럽히고, 온몸을 따뜻하게 해준다는 이야기를 건네면서,
아기가 온몸으로 햇빛을 느낄 수 있도록 하면 됩니다.

더워더워, 추워추워

아기들은 체온 조절이 잘 되지 않아, 하루에도 몇 번씩 옷을 덧입혔다 벗겼다 해야 합니다. 그런데 대부분의 아기들은 이를 좋아하지 않습니다. 이럴 땐 미리 사인을 만들어두세요. "더워 더워 더워" 하면서 손으로 부채를 부치는 흉내를 내고 "추워 추워 추워" 하면서 몸을 떠는 제스처를 해주세요. 아기들은 호들갑스러운 제스처에 재미있어 하면서, 옷을 입거나 벗어야 한다는 사실을 받아들이게 됩니다.

엄마는 잠꾸러기

잠이 충분치 않은 아기는 절대 웃지 않습니다.
돌이 되지 않은 아기는 밤에 충분히 자더라도 1~2회의 낮잠이 필요한데,
가끔 자지 않으려고 애쓰는 아기들도 있습니다. 이럴 땐 당신이 선수를 치세요.
아기 옆에서 당신이 먼저 잠을 청하면 됩니다. 대부분의 아기들은 잠시 칭얼대다가 당신의 잠에
전염돼 잠들게 됩니다. 꼭 한 번 해보세요. 의외로 성공률이 높습니다.

100
행복한 당신

어쩌면 이 마지막 방법이 아기를 웃게 하는 최고의 방법일지도 모릅니다.
당신과 아기는 연결돼 있고, 당신의 기분은 곧바로 아기의 기분을 물들이기 때문입니다.
아기가 태어난 후, 당신은 불면과 피로에 시달릴 것입니다.
하지만 책임감보다 중요한 것은 행복감입니다. 가끔은 아기로부터 벗어나 휴식을 취하세요.
당신이 행복해야 아기도 행복하니까요.

* 에필로그

아기가 태어난 후, 당신은 엄청난 곤혹감과 시행착오를 거쳐 당신의 아기를 웃게 할 수 있는 것들을 발견할 것입니다.
이 책은 그런 수고를 조금은 덜어주는 책입니다.
이 책에 포함된 비법과 노하우, 아이디어들을 모두 생후 2년까지의 아기들을 위한 것입니다.
물론 100가지 방법 모두가 당신의 아기를 웃게 하지는 못할 것입니다.
하지만 중요한 것은 이 책 속에서 당신의 아기를 행복하게 해 줄 소중한 영감과 조언을 발견할 것이란 사실입니다.
아기와 함께 여행하는 느낌으로 천천히 이 책을 즐기시길 바랍니다.

이 책을 쓰도록 동기를 부여해준 나의 사랑스러운 아들 리암과 그의 친구들 잭, 데비, 루크, 노아에게 사랑을 전합니다.
이웬, 코니, 데이비드, 훼이스, 리암, 올리비아, 오스카와 루비 등 이 책의 모델이 되어준 천사 같은 아기들과 조언을 아끼지 않았던 엄마들에게도 무한한 감사를 보냅니다.
미소가 예쁜 나의 조카 재커리, 나다니엘과 에밀리는 자신의 아기 시절 기억을 제게 전해주었습니다.
모두에게 감사드립니다.

NOTE
이 책은 0~24개월 아기를 둔 부모들에게 조언과 자문을 해주기 위해 만들어졌습니다. 교육이나 의학적 대안으로 검증된 것이 아니므로, 저자나 출판사는 어떠한 책임도 지지 않습니다.

◆ 당신은 언제나 옳습니다. 그대의 삶을 응원합니다. — 라의눈 출판그룹

**아기를 웃게 하는
100가지 방법**

초판 1쇄 | 2014년 12월 1일

지은이 | 돈 베이츠
발행인 | 설응도
발행처 | 라의눈

출판등록 | 2014년 1월 13일(제2014-000011호)
주소 | 서울시 서초구 서초중앙로29길 26(반포동) 낙강빌딩 2층
전화번호 | 02-466-1283
팩스번호 | 02-466-1301
e-mail | eyeofrabooks@gmail.com

이 책의 저작권은 저자와 출판사에 있습니다.
서면에 의한 저자와 출판사의 허락 없이 책의 전부 또는 일부 내용을 사용할 수 없습니다.

ISBN 979-11-86039-07-6 13590

* 잘못 만들어진 책은 구입처나 본사에서 교환해 드립니다.
* 책값은 뒤표지에 있습니다.
* 라의눈에서는 독자 여러분의 소중한 아이디어와 원고 투고를 기다리고 있습니다.